AS CATILINÁRIAS

O livro é a porta que se abre para a realização do homem.
Jair Lot Vieira

CÍCERO

AS CATILINÁRIAS

Tradução e notas
PADRE ANTONIO JOAQUIM

Apresentação
FÁBIO ABREU DOS PASSOS
Doutor em Filosofia Política pela
Universidade Federal de Minas Gerais (UFMG).
Professor do Departamento de Filosofia da
Universidade Federal do Piauí (UFPI).

Revisão técnica
ARTUR COSTRINO
Mestre em Letras Clássicas pela USP.
PhD em Estudos Medievais pela University of York – UK,
onde também atuou como professor de Latim.
Professor na área de Literatura e Estudos Clássicos
da Universidade Federal de Ouro Preto.

Copyright da tradução e desta edição © 2019 by Edipro Edições Profissionais Ltda.

Todos os direitos reservados. Nenhuma parte deste livro poderá ser reproduzida ou transmitida de qualquer forma ou por quaisquer meios, eletrônicos ou mecânicos, incluindo fotocópia, gravação ou qualquer sistema de armazenamento e recuperação de informações, sem permissão por escrito do editor.

Grafia conforme o novo Acordo Ortográfico da Língua Portuguesa.

1ª edição 2019

Editores: Jair Lot Vieira e Maíra Lot Vieira Micales
Coordenação editorial: Fernanda Godoy Tarcinalli
Tradução e notas: Padre Antonio Joaquim
Apresentação: Fábio Abreu Passos
Editoração: Alexandre Rudyard Benevides
Revisão técnica: Artur Costrino
Revisão: Brendha Rodrigues Barreto e Mateus dos Santos Grava
Diagramação: Ana Laura Padovan
Capa: Ana Laura Padovan e Marcela Badolatto

Dados Internacionais de Catalogação na Publicação (CIP)
(Câmara Brasileira do Livro, SP, Brasil)

Cícero, Marco Túlio
    As catilinárias / Marco Túlio Cícero – São Paulo: Edipro, 2019. (Clássicos Edipro).

    Título original: In Catilinam Orationes Quattuor.

    ISBN 978-85-7283-974-7

    1. Cícero, Marco Túlio, 106-43 a.C. – Oratória 2. Discursos latinos I. Título. II. Série.

94-4378   CDU-875.01

Índice para catálogo sistemático:
1. Oratória : Período romano : Literatura latina : 875.01

São Paulo: (11) 3107-4788 • Bauru: (14) 3234-4121
www.edipro.com.br • edipro@edipro.com.br
@editoraedipro   @editoraedipro

SUMÁRIO

Apresentação 9

CATILINÁRIA I 17

   1. Exórdio 20
   2. Poderes dos cônsules 21
   3. Planos da conspiração 22
   4. Catilina tentou matar Cícero 23
   5. Catilina deve sair da cidade 23
   6. Os bons romanos odeiam Catilina 24
   7. A cidade exige a expulsão de Catilina 25
   8. O Senado e Catilina 27
   9. Cícero prevê o ódio contra si 28
  10. Catilina que vá junto dos seus amigos 29
  11. Cícero não teme o ódio ou os perigos e cuida da salvação da pátria 29

12. Os motivos pelos quais Cícero não reputa acertada
a condenação de Catilina à morte 30

13. Peroração: Invocação a Júpiter 31

CATILINÁRIA II 33

1. Exórdio: Cícero felicita-se pela fuga de Catilina 36
2. Catilina saiu da cidade – Os seus amigos, porém,
ficaram em Roma 37
3. Os armados de Catilina não devem ser temidos 37
4. Felicidade da República pela fuga de Catilina 38
5. Os inimigos da pátria serão punidos 39
6. Catilina foi se juntar a Mânlio 40
7. Cícero dispõe-se a tudo sofrer para que
a República se salve 41
8. As classes de cidadãos nocivos à República 42
9. Segunda e terceira classes de cidadãos nocivos 43
10. Quarta e quinta classes de cidadãos nocivos 44
11. Os virtuosos combatem contra os nocivos 45
12. Defendam, os romanos, as suas casas 45
13. Peroração 46

CATILINÁRIA III 49

1. Exórdio 52
2. Os entendimentos com os Alóbrogos 53
3. Encontradas as cartas comprovadoras da conspiração 54
4. Os conspiradores são interrogados 54
5. Os acusados confessam a traição 55
6. As deliberações do Senado 57

7. Muito maiores teriam sido os perigos
se Catilina tivesse ficado em Roma 58
8. Profecias dos adivinhos 59
9. Os acontecimentos obedeceram à vontade dos deuses 60
10. Os romanos devem agradecer aos deuses 61
11. Cícero pede aos romanos que lembrem o seu zelo
na defesa da República 62
12. Peroração 62

CATILINÁRIA IV 65

1. Exórdio: Perigos aos quais Cícero esteve exposto 68
2. O Senado deve cuidar da salvação da República 69
3. O Senado deve deliberar 70
4. Opiniões de Silano e de César 71
5. Apreciação da opinião de César 72
6. É preciso que os traidores sejam punidos severamente 73
7. Todos os cidadãos estão concordes na defesa da pátria 74
8. Todos os cidadãos estão contra os traidores 75
9. O povo romano lembrará o nome de Cícero,
como lembra os dos maiores guerreiros 76
10. Peroração 78

APRESENTAÇÃO

Marco Túlio Cícero (106 a.C.-43 a.C.) ascendeu ao mais alto posto da política romana no ano de 63 a.C. tornando-se cônsul. Possui uma vasta obra, que versa sobre oratória, filosofia, política e direito. De seus escritos, podemos destacar *De Republica, De Officiis* e *De legibus*. Cícero é, de maneira inequívoca, um autor basilar no que tange às compreensões do republicanismo na Antiguidade e, por essa feita, influenciou e continua influenciando autores que se dedicam a pensar acerca de um regime político que se paute, entre outros elementos, na virtude cívica.

A influência que o pensamento de Cícero exerceu e continua a exercer sobre inúmeros pensadores, a qual demonstra a profundidade e o alcance de sua obra, se apresenta de maneira contundente quando nos voltamos para três baluartes da história da filosofia ocidental: Agostinho de Hipona (354-430), Nicolau Maquiavel (1469-1527) e Hannah Arendt (1906-1975).

Agostinho de Hipona foi seduzido pelos escritos de Cícero, que, nas palavras do próprio Agostinho, lhe abriu as portas do saber. Essas portas foram-lhe abertas, sobretudo, pela leitura do diálogo *Hortensius*, do pensador romano, que hoje possui apenas uma página, a qual foi conservada pelo próprio Agostinho. Esse texto, que se configura em um elogio à filosofia, provocou em Agostinho um grande fascínio pela profundidade da obra e pela beleza da escrita.

No que diz respeito às influências das obras políticas de Cícero, estas deitam raízes primeiramente em Nicolau Maquiavel, no Renascimento, e em Hannah Arendt, na contemporaneidade.

Embora a *magnum opus* do republicanismo de Cícero estivesse perdida à época do filósofo florentino, os elementos basilares do pensamento do cônsul romano eram amplamente difundidos no período que abarca os escritos de Maquiavel. O diálogo entre Maquiavel e Cícero pode ser vislumbrado, em todos os seus matizes, nos *Discorsi sopra la prima deca di Tito Livio*, nos quais há uma valoração da República romana. É nessa obra que Maquiavel nos diz que a República é a forma de governo que permite que as cidades caminhem em direção à grandeza, dirimindo os interesses particulares em favor do bem comum, uma vez que essa forma de governo, embora não seja capaz de evitar, pode ao menos mitigar a corrupção e a tirania da cidade.

Outro ponto de convergência entre Cícero e Maquiavel é a virtude cívica, que, para ambos, é o sustentáculo de um regime republicano, mais proeminente do que o ordenamento jurídico. Para Cícero, a virtude cívica é explicitada pelo amor à pátria, cuja compreensão é de uma clareza soberba, quando nos voltamos para as suas próprias palavras: "Exercita-a [a alma], pois, nas coisas melhores, e fica sabendo que nada há melhor do que o que tende a assegurar o bem-estar da pátria" (*De Republica*, Livro VI). Nessa mesma tópica, para Maquiavel as virtudes cívicas, em uma República, seriam o ponto nevrálgico para que haja a manutenção da liberdade, pois, para o pensador florentino, "[...] assim como os bons costumes precisam de leis para manter-se, também as leis, para serem observadas, precisam de bons costumes" (*Discorsi*).

Hannah Arendt, de maneira explícita, não pode ser filiada à corrente de pensadores republicanos, embora pesquisadores como Margaret Canovan, Newton Bignotto, Helton Adverse e Elivanda de Oliveira lancem luz sobre elementos presentes nos escritos arendtianos que a aproximam de uma compreensão republicana de política. Apesar desse senão inicial, a influência que Marco Túlio Cícero exerce sobre Arendt é notória, principalmente se nos detivermos nas citações que Arendt faz acerca da obra de Cícero, sobretudo em *A Condição Humana* e em *Sobre a Revolução*.

As citações nas referidas obras apontam para a importância do discurso e da ação na constituição do espaço público. Ambos (discurso e ação política) constituem o ponto de convergência entre Cícero e Hannah Arendt. Este ponto de convergência se torna manifesto pelo fato de que Arendt, ao se voltar para a Antiguidade, percebe que ação e discurso estão intimamente imbricados, pois a ação é sempre acompanhada de um discurso. Embora não haja um consenso quanto à assertiva de Jacques Taminiaux de que Arendt se baseia mais em Roma do que na Grécia quando trata da relação entre ação política e discurso, é notório que nesse ponto o pensamento arendtiano toca mais intimamente às reflexões de Cícero. Assim, fala e ação estão amalgamadas em razão do fato de que, tanto para Cícero quanto para Arendt, é necessário que os ouvintes, em um espaço público, sejam persuadidos, pela fala, para se levar adiante um feito iniciado. Por isso, a ação política, que é colocada em movimento (*agere*) pelo agente, depende do consentimento dos demais para continuar (*gerere*) o seu percurso.

Fica evidenciado que obras como *De Republica* e *De legibus* foram absorvidas por boa parte da intelectualidade ocidental. Contudo, Marco Túlio Cícero é autor de muitas profundas e importantes obras, como *As catilinárias,* com a qual a Editora Edipro, a partir da tradução do Padre Antonio Joaquim, brinda o leitor.

As catilinárias se constituem de orações proferidas por Marco Túlio Cícero no ano de 63 a.C., momento em que acabara de ser eleito magistrado supremo da República romana. Esta obra é composta de quatro orações, denominadas de discursos consulares, que, apesar de possuírem um caráter estético, e principalmente retórico, possuem também um alcance político inquestionável.

As catilinárias, apesar de seu alcance político adornado de elementos retóricos, não é alvo de profícuos estudos. Podemos compreender que o motivo da escassez de pesquisas em torno da obra se deva ao fato de que as *catilinárias* não nos dotam, diretamente, com ferramentas conceituais que, em seu conjunto, fomentam o pensamento político de Marco Túlio Cícero. Contudo, as compreensões republicanas de Cícero margeiam todas as quatro orações proferidas pelo romano, por ocasião da conspiração de Lúcio Sérgio Catilina contra o Senado, na tentativa de dissolvê-lo e, consequentemente, tomar o poder de Roma.

As *catilinárias*, ou seja, as acusações violentas que Cícero profere contra Catilina, são divididas em quatro orações: na primeira e na quarta, Cícero se direciona para os homens que compunham o Senado romano; na segunda e na terceira, o discurso se volta para o povo de Roma. Em seu conjunto, o tema norteador das orações é unívoco: extirpar o mal que paira ameaçador sobre a República romana.

As acusações que são direcionadas a Catilina se constroem em um ambiente específico, ou seja, em 63 a.C., ano em que Cícero alcança o mais alto posto da República romana, ou seja, é eleito cônsul. Nesse diapasão, podemos dizer que Cícero personifica o *homo novus*, isto é, uma categoria formada por *plebeus* que se enriqueceram atuando, principalmente, no comércio. Assim, Cícero não herdou quaisquer vantagens políticas referentes aos seus ancestrais, mas chega ao posto de cônsul por sua capacidade política e por sua oratória, que fora construída com anos de estudos, inclusive na Grécia.

Esse pano de fundo é determinante para o fomento desta obra, uma vez que as eleições que colocam Cícero no posto de cônsul, também representaram a ruína de Catilina. Essa ruína se deve ao fato de que Catilina, já decadente, perde a disputa do consulado para Cícero, disputa esta que aparecia aos olhos de Catilina como a única solução para findar as suas desventuras. Esse cenário de caos que se abateu sobre a vida de Catilina após sua derrota fez com que ele tramasse um golpe para dissolver o Senado romano, na tentativa de tomar o poder.

Cronologicamente, as quatro *catilinárias* ocorrem na seguinte ordem: a primeira foi pronunciada no dia 8 de novembro de 63 a.C. no templo de Júpiter Estator, diante dos homens que compunham o Senado. A segunda foi pronunciada em 9 de novembro, ou seja, um dia após a primeira, e foi dirigida ao povo romano, no Fórum. A terceira foi pronunciada em 3 de dezembro daquele mesmo ano, também no Fórum e para a mesma plateia que a segunda. A quarta e última *catilinária* foi proferida em 5 de dezembro de 63 a.C. para o Senado, no templo de Júpiter Estator.

Alguns pontos das *catilinárias*, mesmo que margeados ao texto, explicitam elementos que, em seu conjunto, constituem o corpo doutrinário do republicanismo. Por outro lado, de maneira mais ampla, é uma compreensão a respeito do "jogo da política", que é adornado de ações pontuais e simbólicas, bem como de palavras envoltas em metáforas. Tudo isso serve para aumentar o peso e a eficácia da oratória. É na costura dessa malha política que alguns momentos das *catilinárias* devem ser visitados.

Comumente, os discursos proferidos ao Senado romano eram realizados no Fórum. O primeiro e o quarto foram proferidos por Cícero no templo edificado a Júpiter Estator, diante de sua estátua. Por que esses discursos foram pronunciados nesse local? Por que tamanha adoração a esse deus? Cícero realiza, com essa ação, um duplo movimento: utiliza-se da autoridade do deus para dar sustentação aos seus argumentos e associa a conjuração de Catilina ao momento histórico pelo qual teria passado Roma, quando Júpiter Estator, que significa *aquele que para*, impediu o avanço dos sabinos e permitiu que o exército romano saísse vencedor nesse confronto. A oração enunciada aponta para uma necessidade: aquele que profere um discurso, principalmente de foro político, busca sustentar sua fala em uma instância superior. Como exemplo, apontamos os mitos fundantes da República romana, uma vez que, o tema da fundação de um corpo político frequentemente se volta para dimensões imaginárias e simbólicas, tal como a narrativa da amamentação dos gêmeos Rômulo e Remo por uma loba, a qual protegeu e fortificou aquele que seria considerado "o pai fundador" de Roma: Rômulo.

Também devemos chamar a atenção do nosso leitor para uma tópica que perpassa todas as quatro *catilinárias* e que aparece como um tema caro à filosofia política: a preocupação da manutenção do corpo político. A ameaça que o nome Catilina trazia consigo não dizia respeito somente a Cícero, mas sobretudo à República de Roma. Portanto, além da explícita preocupação quanto à preservação da República, há paralelamente também uma nítida distinção entre o público e o privado, pois Cícero argumenta ao Senado que, enquanto Catilina se utilizava de subterfúgios para ameaçar a vida do cônsul, ele se defendeu com "ferramentas privadas", mas quando Catilina se volta contra a *res publica*, necessário se faz utilizar de "ferramentas públicas", como exílio ou sentença de morte. Cícero, de maneira eloquente, diz:

> Enquanto me armaste traições, Catilina, sendo eu cônsul designado, não me defendi com guardas públicas, mas com diligências particulares; quando nos últimos comícios consulares me quiseste matar, reprimi teus perversos intentos com o socorro dos amigos e soldados, sem tumulto algum; enfim, todas as vezes que me acometeste, pessoalmente te resisti, posto que visse andar a minha ruína emparelhada com grande calamidade da República; agora, já investiste abertamente toda a República, os templos dos deuses eternos, as casas de Roma, a vida dos cidadãos, e em uma palavra, intentas a arruinar e destruir toda a Itália. (*Catilinária I*)

É notório que as orações que Cícero pronuncia em razão da conspiração de Catilina contra a República romana exemplificam e materializam elementos conceituais presentes na compreensão política desse pensador: a preocupação com a preservação do corpo político, a imbricação entre política e retórica, o uso de metáforas eloquentes, das quais, além de Cícero, muitos outros autores de política também se utilizarão – Cícero chama Catilina de "monstro e abismo de maldade" para exacerbar o perigo iminente pelo qual estava passando Roma, fazendo uso de uma ferramenta oratória que muito se assemelha, em sentido oposto, à utilizada por Thomas Hobbes (1588-1679), ao se valer da figura mitológica do monstro *Leviatã*, no intuito de impor uma imagem de um Estado forte e ameaçador aos seus súditos.

Portanto, caro leitor, estamos diante de uma obra singular a quem o tempo concedeu um lugar de destaque na literatura política. Desse modo, a lembrança de seu autor é perpetuada, realizando-se, de fato, o pedido que o próprio Cícero fez ao Senado de Roma: "Por tão relevantes serviços vos não peço outro prêmio de meu valor, nenhuma insígnia de honra, nenhum monumento de glória mais que a perpétua lembrança deste dia" (*Catilinária III*). A lembrança desse dia, Cícero, é eterna nas páginas que compõem *As catilinárias*!

Fábio Abreu dos Passos[*]
Doutor em Filosofia Política
pela Universidade Federal de Minas Gerais (UFMG)
Professor do Departamento de Filosofia
da Universidade Federal do Piauí (UFPI)

---

[*]. Atualmente leciona no Departamento de Filosofia da UFPI, tanto na Graduação, quanto no Mestrado. Tem experiência na área de Filosofia, com ênfase em Filosofia Política, exercendo suas atividades docentes principalmente nos seguintes temas: Hannah Arendt, Política, Mundo e Ética. É autor do livro *O conceito de mundo em Hannah Arendt*: para uma nova filosofia política (2014), bem como de apresentações de livros, como as *Meditações metafísicas*, de René Descartes, publicadas pela Edipro (2016), e de diversos artigos. E-mail: fabreudospassos@gmail.com

CATILINÁRIA[1] I

---
1. A etimologia da palavra *catilinária* tem a sua origem em uma acusação violenta, como as que Cícero fez a Catilina.

ORAÇÃO I

De Marco Túlio Cícero contra Lúcius Catilina

Esta oração, pronunciada no dia 8 de novembro do ano 63 a.C., é talvez a mais conhecida entre as orações de Cícero.

Cícero investe violentamente contra Catilina, que teve a ousadia de apresentar-se no Senado, embora fosse de domínio público que um exército revolucionário, chefiado por Mânlio, o esperava na Etrúria. Catilina mereceria a morte; porém Cícero não pede ao Senado que o processe. Roma pode ter a certeza de que ele, Cícero, com a sua astúcia, garantirá a liberdade do povo romano. Que Catilina, porém, deixe a cidade. Roma não quer mais saber dele, pois as suas culpas e torpezas são bem conhecidas. Deixe a cidade e, se quiser, junte-se aos seus companheiros, bem dignos dele, que o esperam para marchar contra Roma. Cícero não o teme, pois, com a ajuda de Júpiter Estator, o exterminará e, com ele, todos os inimigos da República.

1. EXÓRDIO

Até quando, Catilina, abusarás de nossa paciência? Quanto zombará de nós ainda essa tua loucura? Onde vai dar tua desenfreada audácia? É possível que nenhum abalo te façam nem as sentinelas noturnas do Palatino, nem os guardiões da cidade, nem o temor do povo, nem a união de todos os bons homens, nem o Senado posto neste lugar mais seguro, nem a presença e o semblante dos que aqui estão? Não percebes como são evidentes os teus planos? Não vês a todos inteirados da tua já reprimida conjuração? Julga que algum de nós ignora o que fizeste na noite passada e na anterior, onde estiveste, a quem convocaste, que resolução tomaste?

Oh, tempos! Oh, costumes! O Senado percebe essas coisas, o cônsul as vê, e, ainda assim, este homem vive! Vive? Na verdade, vem ao Senado, participa do conselho público, assinala e marca para a morte, com o olhar, cada um de nós. E a nós, homens de valor, nos parece ter satisfeito à República, evitando as suas armas e a sua insolência. Muito tempo há, Catilina, que tu devias ser morto por ordem do cônsul, que devia cair sobre ti a ruína que há tanto maquinas contra todos nós.

Porventura o insigne P. Cipião, Pontífice Máximo, como um cidadão privado, não matou Tibério Graco[2] por deteriorar um pouco o estado da República? E nós devemos sofrer sob Catilina, que com mortes

---

2. Tibério Graco e seu irmão Caio Graco, filhos de Cornélia, foram os autores das leis agrárias com as quais desejavam pôr um fim à avidez da aristocracia romana, que se apoderara da maior parte das terras conquistadas ao inimigo.

e incêndios quer assolar o mundo? Passo em silêncio àqueles exemplos mais antigos de quando C. Servílio Ahala matou, com sua própria mão, Spúrio Melo, que procurava introduzir coisas novas. Houve antigamente na República esta fortaleza de reprimirem homens de valor com os mais severos castigos, seja o cidadão pernicioso como o crudelíssimo inimigo. Temos contra ti, Catilina, decreto do Senado veemente e severo; não falta plano e nem autoridade à República; nós, abertamente o digo, nós somos os que faltamos.

2. PODERES DOS CÔNSULES

Decretou antigamente, o Senado, que Lúcio Opímio atendesse a que a República não recebesse detrimento algum; não se passou uma só noite: foram mortos, por meras suspeitas de deslealdade, C. Graco, de pai avô e antepassados nobilíssimos, e M. Fulvio, consular, com seus filhos. Com semelhante decreto do Senado entregou-se a segurança da República aos cônsules Cáio Mário[3] e Lúcio Valério;[4] porventura tardou a República um só dia com a morte e suplício a Lúcio Saturnino, tribuno do povo, e a Cáio Servílio, pretor? Mas nós há já vinte dias que consentimos se embotem os fios desta autoridade; temos o mesmo decreto do Senado, metido nas tábuas, como espada na bainha; segundo deliberação do Senado, Catilina, devias logo ser morto. Mas vives, e vives não para ceder, mas para te confirmar no teu atrevimento. Desejo, *Patres Conscripti*,[5] ser clemente para convosco; desejo não ser covarde perante tamanhos perigos da República, mas a mim mesmo me condeno por inerte e culpado.

Há tropas na Itália contra a República, assentadas na garganta da Etrúria; cresce cada dia o número dos inimigos, mas o seu capataz e general, vemo-lo dentro de nossos muros, e ainda mais, no senado conspirando, sempre, a ruína da República. Deveria eu mandar que

---

3. Caio Mário, cônsul romano, vencedor dos Cimbros, rival de Sila.
4. Lúcio Valério Flaco, poeta latino.
5. A expressão *Patres Conscripti* equivale a um título honorífico, que significa "Guardiães da Pátria".

te prendesse, que te mandasse matar, porém, receio que todos os bons dissessem que o fizera tarde a alguém que agira cruelmente. Mas por certa causa não estou ainda resoluto a executar o que há muito devia ter feito. Matar-te-ei finalmente então, quando ninguém houver tão malvado, tão perdido, tão teu semelhante, que não confesse que isto se fez com razão.

Enquanto houver quem se atreva a defender-te, viverás, e viverás como agora vives, cercado de muitas de minhas fortes guardas, para que não te possas levantar contra a República; também os olhos e ouvidos de muitos, sem tu o sentires, espreitar-te-ão, e guardarão como até agora o fizeram.

3. PLANOS DA CONSPIRAÇÃO

Portanto, Catilina, que podes mais esperar, se nem a noite com as suas trevas pode encobrir teus iníquos congressos, nem a casa mais retirada conter com suas paredes a voz da tua conjuração? Se tudo se faz manifesto, se tudo sai a público? Crê-me o que te digo: muda de projeto, esquece-te de mortandades e incêndios; por qualquer parte te haveremos às mãos. Todos teus desígnios são para nós mais claros que a luz, sobre os quais convém que eu refresque a tua memória. Não te lembras do que eu disse no Senado em 21 de outubro, que Mânlio, ministro e sócio das tuas maldades, havia de estar armado em certo dia, o qual havia de ser o 27 de outubro? Escapou-me, pois, Catilina, não só uma coisa tão horrível, tão atroz, um fato tão incrível, mas, ainda mais espantoso, também o dia? Eu mesmo disse que tu determinaras o dia 28 de outubro para o assassinato dos nobres; e então foi quando muitas das principais pessoas da cidade fugiram de Roma, não tanto por se salvarem, como por frustrarem teus intentos. Poderás porventura negar-me que naquele mesmo dia, por estares rodeado de minhas guardas e das minhas diligências, não te pudeste mover contra a República, quando, retirando-se os demais, disseste que te contentavas com a morte dos que permaneciam? O quê? E quando te asseguraste que tomarias Preneste por assalto de noite, ao primeiro de novembro, não achaste aquela colônia municionada por minha ordem, e com, meus presídios, guardas e sentinelas? Nada fazes, nada maquinas, nada cogitas que eu não só não ouça, mas veja e perceba claramente.

4. CATILINA TENTOU MATAR CÍCERO

Recorda-te, enfim, comigo desta última noite, e conhecerás que com maior cuidado velo eu para o bem da República do que tu para a sua destruição. Digo, pois, que foste na primeira noite, pela rua dos fabricantes de foices (não hei de falar obscuramente), para casa de Marco Leca, aonde também foram muitos partícipes da mesma loucura e perversidade; atrever-te-ás porventura a negá-lo? Porque te calas? Se o negares, convencer-te-ei; pois aqui estou vendo no Senado alguns que estiveram contigo. Deuses imortais! Onde estamos? Que República temos? Em que cidade vivemos? Aqui, aqui, *Patres Conscripti*, entre nós, neste mais importante e sacro Conselho do Mundo, estão os que meditam a minha ruína, a de todos nós, a desta cidade e do planeta. Eu, cônsul, os estou vendo, e pergunto a eles sua opinião sobre a República; e a quem com ferro devia acabar, nem sequer molesto com a voz. Estiveste, pois, Catilina, naquela noite em casa de Leca; repartiste as regiões da Itália, determinaste para onde querias que cada um fosse, elegeste os que deixarias em Roma e os que levarias contigo; designaste os bairros da cidade para os incêndios, afirmaste que brevemente sairias de Roma, disseste que ainda demorarias um pouco, por estar eu ainda em vida; achaste dois cavaleiros romanos que te livraram deste cuidado, e prometeram-te que pouco antes de amanhecer me matariam no meu próprio leito. Tudo isto soube eu, apenas acabado o vosso congresso; fortifiquei e municionei minha casa com mais guardas; não recebi os que pela manhã mandaste a saudar-me, os quais eu havia predito a muitas pessoas de crédito que haviam de vir naquele exato momento.

5. CATILINA DEVE SAIR DA CIDADE

Sendo tudo isto assim, Catilina, prossegue o que principiaste, vai-te enfim da cidade, abertas estão as portas, anda; há muito tempo te desejam por general aqueles teus acampamentos de Mânlio; leva contigo todos os teus, ou ao menos muitos deles, limpa esta cidade. Libertar-me-ás de um grande medo, quando houver um muro entre mim e ti. Já não podemos viver mais contigo, nem eu o posso sofrer, tolerar, consentir. Infinitas graças devo dar aos deuses imortais, e a esse mesmo Júpiter Estator, o mais antigo protetor desta cidade, de termos tantas vezes escapado a esta tão horrível torpe e prejudicial peste da República. Não convém que por causa de um homem perigue muitas vezes a República. Enquanto me armaste traições, Catilina, sendo eu cônsul designado, não me defendi com guardas públicas, mas com diligências particulares. Quando nos últimos comícios consulares me quiseste matar, reprimi teus perversos intentos com o socorro dos amigos e soldados, sem tumulto algum. Enfim, todas as vezes que me acometeste, pessoalmente te resisti, posto que visse andar a minha ruína emparelhada com grande calamidade da República; agora, já investiste abertamente contra toda a República, os templos dos deuses eternos, as casas de Roma, a vida dos cidadãos, e, em uma palavra, intentas a arruinar e destruir toda a Itália. Mas, como não me resolvo, ainda, a pôr em prática o que é melhor, que cabe a mim e à disciplina de nossos ancestrais, executarei o que é de menor severidade e para o bem público mais proveitoso, uma vez que, se te mandar matar, ficará ainda na República o esquadrão de conjurados. Se saíres (como te exorto há muito), ficará a República limpa desta enorme sentina de teus sócios. O que foi, Catilina? Pois duvidas que eu ordene fazer o que já executavas de tua livre vontade? Manda o cônsul sair da cidade o inimigo. Perguntas-me se porventura para o desterro? Não te mando; mas se me consultas, aconselho-te a ir.

6. OS BONS ROMANOS ODEIAM CATILINA

Que coisa há ainda nesta cidade que te possa dar gosto, Catilina? Pois fora desta conjuração de gente estragada não há ninguém que não te tema, não há ninguém que não te odeie. Que nódoa de torpeza doméstica não foi, ainda, lançada na tua vida? Quantas infâmias em matérias particulares ainda restam ser amontoadas sobre aquelas desgraças? Que lascívia de olhos, que atrocidade de mãos, que perversidade deixou jamais de haver em todo teu corpo? Que mancebo houve, a quem não enredasses com atrativos viciosos, e a quem não conduzisses ou para insolências com armas, ou para dissoluções com incentivos? E que é o que há pouco fizeste, quando, com a morte da tua primeira mulher, despojaste a casa para novas bodas? Não acumulaste sobre esse delito outra incrível maldade? Mas eu deixo isso em branco, de bom grado deixo isso em silêncio, para que não se registre que nesta cidade existiu, ou se deixou sem castigo, crime tão hediondo. Passo em silêncio a perdição dos teus bens, que bem sabes, pende sobre ti nos idos do próximo mês. Não falo das particulares ignomínias de teus vícios, nem na tua penúria doméstica e miséria, mas no que pertence ao governo da República, e à vida e proveito de todos nós. Pode porventura, Catilina, agradar-te a luz desta cidade, ou este ar que respiramos, sabendo que nenhum dos circunstantes ignora que no último dia de dezembro, sendo cônsules Lépido e Fúlvio, estiveste armado no comício do povo? Que ordenaste uma esquadra para matar os cônsules e as principais pessoas da cidade? Que não foi razão alguma ou temor que tivesses, mas a fortuna da República que conteve a tua petulância e desaforo? Mas deixo já isto que nem é ignorado, nem há muito cometido. Quantas vezes, estando eu já eleito, quantas, sendo já cônsul, quiseste-me matar? A quantos golpes, atirados de modo que pareciam inevitáveis, escapei eu, como lá dizem, com um pequeno desvio do corpo? Nada fazes, nada consegues, nada maquinas, que eu logo não saiba; e nem por isso cessas de levar por diante teus projetos e intentos. Quantas vezes arrancaram-te já esta faca das mãos? Quantas te caiu por acaso e escorregou? E ainda assim não podes estar muito tempo sem ela; na verdade, não sei a que sacrifícios a consagraste e dedicaste, que julgas preciso cravá-la no corpo do cônsul.

7. A CIDADE EXIGE A EXPULSÃO DE CATILINA

E que vida é essa tua? Falarei agora contigo, não como agastado com o ódio que devo, mas movido da compaixão que não mereces.

Há pouco chegaste ao Senado; em um tão grande congresso, qual de teus amigos e parentes te saudou? Não havendo memória que tal jamais sucedesse a ninguém, esperas que te afrontem de palavra, sendo já condenado pelo gravíssimo juízo desta taciturnidade? Que foi isto que, assim que chegaste, evacuaram-se estas ordens de assentos? Que vem a ser que, assim que te sentaste, todos os consulares, que designaste para a morte, deixaram devoluta e nua esta parte de assentos? Enfim, com que ânimo julgas suportar isto? Certamente, por Hércules, que se os meus servos me temessem da sorte que a ti temem os teus patrícios, abandonaria sem demora a própria casa; e tu ainda te não resolves a deixar a cidade? Se eu me visse tão gravemente suspeito e ofendido por meus cidadãos, preferiria carecer da sua presença, que sofrer que com tão maus olhos me vissem todos. E tu, conhecendo pelo próprio remorso de teus delitos esta justa e geral indignação, que há tanto mereces, ainda tens dúvidas em retirar-te da vista e presença daqueles que te não podem suportar nem ver? Se teus pais te temessem e te aborrecessem, e não pudesse, sem nenhum modo, aplacá-los, creio te retirarias de seus olhos para outra parte; pois, agora que a pátria, mãe comum de todos nós, aborrece-te e teme, não julgando de ti outra coisa senão que meditas o seu parricídio, porque não respeitarás a sua autoridade, seguirás o seu juízo, temerás o seu poder? Ela é a que, como que susurrando contigo, Catilina, fala-te desta maneira: *"Muitos anos há que não houve maldade que não viesse de ti, nenhum delito sem ti; em ti só não se castigou a morte de muitos cidadãos, as opressões e roubos de nossos aliados. Não só tiveste poder de infringir as leis e as causas, mas de as abolir. Ainda que tudo isto não se devia tolerar, ainda assim o sofri como pude; mas o estar eu toda em temor unicamente por teu respeito, o temer-se a Catilina com quaisquer rumos que haja, o não se poder tomar conselho algum contra mim, que não depende, da tua maldade, não se deve levar à paciência. Portanto, vai-te já daqui, livra-me deste temor, que, se for justo, eu não seja destruída; se for imaginário, que eu ao menos deixe de temer."*

8. O SENADO E CATILINA

Se, como disse, a pátria te dissesse essas coisas, não mereceria conseguir aquilo que pede, ainda que a não pudesse conseguir com força? Por que motivo tu próprio te foste entregar à prisão? Com que fim disseste que, por evitar suspeitas, querias morar em casa de Marco Lépido, e, por este não sendo recebido, te atreveste a vir também comigo e pedir-me que te recolhesse em minha casa? E recebendo de mim por resposta que em nenhum modo podia estar seguro contigo dentro das mesmas paredes, havendo grande risco ainda dentro dos mesmos muros, buscaste a Quinto Metelo, pretor, por ele repudiado, e passaste para casa do teu companheiro, o excelente varão Marco Marcelo,[6] a quem avaliaste de suma diligência para te guardar, de suma sagacidade para vigiar e de sumo valor para te vingar. Mas quão longe deve estar do cárcere e prisão quem se julga a si mesmo digno dela? Sendo isto assim, Catilina, não podendo aqui viver com ânimo sossegado, hesitas ir-te para alguma terra e entregar à fuga e solidão uma vida livre de muitos castigos justos e merecidos? Já que assim – dizes tu – propõe isso ao Senado. E se esta ordem resolver que vás para o desterro, prometes obedecer-lhe? Não proporia tal, por desdizer de meus costumes, mas ainda assim o farei, para que saibas o que eles julgam de ti. Sai já de Roma, Catilina, livra de temor a República; se esperas por este preceito, parte já para o desterro. Pois que, Catilina, que entendes? Que consideras no silêncio dos circunstantes? Sofrem, calam-se; para que esperas que falem com autoridade aqueles que bem te dão a conhecer a sua vontade calando? Se eu dissesse semelhantes coisas a este ótimo mancebo Públio Séxtio, ou ao meritíssimo Marco Marcelo, já o Senado, a mim cônsul, faria-me violência, e, com razão, poria-me as mãos; mas quanto a ti, Catilina, quando se acomodam, aprovam; quando sofrem, determinam; quando calam, clamam; nem só estes, cuja autoridade amas e vidas desprezas, mas também aqueles honradíssimos cavaleiros romanos e os outros cidadãos de valor que rodeiam o Senado, cujo concurso pouco há que pudeste ver, conhecer sua von-

---

6. Marco Cláudio Marcelo, que, durante a segunda guerra púnica, tomou Siracusa.

tade, e ouvir suas palavras, cujas mãos e armas há muito que mal posso conter, que vão sobre ti. Fácil é, para mim, persuadi-los a te acompanhem até as portas, como a quem deixa o que há muito deseja destruir.

9. CÍCERO PREVÊ O ÓDIO CONTRA SI

Mas para que falo eu? Para que te contenhas? Para que te emendes? Para que cuides em fugir? Para que tragas ao pensamento algum desterro? Oxalá te metessem tal na cabeça os deuses imortais! Ainda que pense que, ameaçado com estas minhas palavras, te resolvas a desterrar-te, que tempestade de ódio não virá sobre mim por causa da fresca memória das tuas iniquidades; senão agora, ao menos, no futuro! Mas eu o desejo muito, contanto que a calamidade seja particular e a República salve-se do perigo. Mas não há que pretender te façam abalo teus vícios, que te amedrontem os castigos das leis, que cedas às calamidades da República; nem tu és sujeito de qualidade a quem o pejo desvia da torpeza, dos perigos o temor, ou da insolência a razão. Portanto, como já disse repetidas vezes, vai-te daqui; e se, como dizes, porque sou teu inimigo queres-me exasperar, caminha direito para o desterro; grande tempestade de censuras e malquerenças tenho que sofrer se, por mandado do cônsul, fores desterrado; mas eu os sofrerei. Porém, se não queres concorrer para o meu crédito e glória, sai com essa enorme quadrilha de perversos; parte para Mânlio, subleva cidadãos perversos, separa-te dos bons, peleja contra a pátria, regozija-te com essa ímpia quadrilha, de modo que não pareça que te desterro para os estranhos, mas que os teus te convidam à sua companhia. Mas para que te convido eu, sabendo que já mandaste os homens que te esperam armados na Praça Aurélia; sabendo que com Mânlio tens aprazado dia certo; e que remeteste adiante aquela águia de prata a que levantaste altar em tua casa, a qual creio te há de ser funesta a ti e a todos os teus. Como poderás agora, indo a essas mortandades, carecer muito tempo daquela a quem costumavas venerar, de cujos altares passaste muitas vezes essa ímpia mão direita para homicídios de cidadãos?

10. CATILINA QUE VÁ JUNTO DOS SEUS AMIGOS

Irás enfim, algum dia, para onde há muito te arrebata essa desenfreada e louca ambição, o que te não dá pena, mas gosto excessivo; pois para esse desvario gerou-te a natureza, adestrou a vontade e guardou a fortuna; nunca tu desejaste não digo já ócio, mas nem ainda guerra, e sim a iniquidade, agregando um exército de gente perdida e desesperada de toda a fortuna e esperança. Que alegria não será ali a tua? Quão excessivo o prazer? Com que júbilo não folgarás loucamente quando, nessa tua aluvião de gente, não vires um só homem de bem? Para tal modo de vida encaminharam-se aqueles teus laboriosos exercícios, que são contados para jazeres a fim de executar e manter adultérios e abominações outras; velas não só para armar traições ao sono dos maridos, mas também aos cabedais dos ociosos. Terás onde ostentar aquele teu ilustre sofrimento de fome, frio e penúria de tudo, com que brevemente te verás consumido. Tanto como isto, aproveitei, quando te exclui do consulado, para que antes perseguisses a República desterrado, do que a vexasses como cônsul; e para que, de forma iníqua empreendendo, a isto chamasses antes latrocínio do que guerra.

11. CÍCERO NÃO TEME O ÓDIO OU OS PERIGOS E CUIDA DA SALVAÇÃO DA PÁTRIA

Agora, *Patres Conscripti*, para desterrar e repelir de mim uma quase justa queixa da pátria, concedei toda a atenção ao que vos direi, e o imprimi bem em vossos ânimos e memória. Se a pátria, pois (que amo mais do que a vida) se toda a Itália e toda a República me dissessem: Que fazes, Marco Túlio? Consentes que vá embora aquele que sabes ser inimigo, aquele que há de ser o general de uma iminente guerra, a quem, sabes, esperam por seu capitão os arraiais inimigos, o autor desta insolência, o príncipe dos conjurados, o sublevador dos servos, o arruinador das cidades; parecendo, deste modo, não que o lançaste fora da cidade, mas que o mandaste vir contra ela? Por que não o mandaras antes prender, matar e punir com o último suplício? Que é que te impede? Porventura o costume dos antepassados? Não sucedeu, não poucas vezes, castigarem os particulares com pena de morte a cidadãos perversos porventura as leis que estabelecem o castigo de cidadãos romanos? Nunca nesta cidade lograram foro de cidadãos os que se rebelaram contra a República. Temes acaso o ódio da posteridade? Notável agradecimento dás ao povo romano – pois não sendo conhecido senão pelos teus predicados pessoais, sem nenhuma recomendação de antepassados, elevou-te, tão velozmente, por todos os graus de honra ao supremo governo – se, por atenção a ódio ou temor de algum perigo, fazes pouco caso do bem dos teus concidadãos. E se algum temor tens de ódio, não é mais para temer que aborreçam a covardia e insolência, do que a severidade e valor? Porventura quando a guerra assolar a Itália, quando as cidades forem vexadas, e arderem os edifícios, parece-te que não arderás tu, então, no incêndio do ódio?

12. OS MOTIVOS PELOS QUAIS CÍCERO NÃO REPUTA ACERTADA A CONDENAÇÃO DE CATILINA À MORTE

A estas justíssimas razões da República e daqueles cidadãos que sentem o mesmo, responderei eu em poucas palavras. Se eu, *Patres Conscripti*, tivesse por mais acertado condenar à morte Catilina, não concederia a este gladiador uma só hora de vida. Porque se os outros heróis e nobilíssimos cidadãos não se contaminaram, mas honraram com o sangue de Saturnino, dos Gracos e de Flaco, por certo não teria eu de recear que, morto este parricida de cidadãos me resultassem daqui ódios para a posteridade; e, ainda que os visse iminentes sobre mim, sempre assentei reputar por glória malquerenças resultadas de obras de valor. Contudo, há alguns nesta ordem que ou não veem o que está para vir, ou, se o veem, dissimulam; os quais fomentaram as esperanças de Catilina com brandas sentenças; e, não dando crédito à conjuração, a arreigaram à nascença; cuja autoridade, seguindo outros muitos não só perversos, mas ignorantes, diriam, se eu o castigasse, que agira com tirania e despotismo. Agora, porém, entendo que, quando ele chegar aos arraiais de Mânlio, para onde caminha, não haverá ninguém tão insensato que não conheça estar feita a conjuração, ninguém tão ímprobo que o não confesse. Mas, ele apenas morrendo, creio que só por um pouco se poderá reprimir esta ruína da República, e não acabar inteiramente. Se der consigo fora daqui, levando de companhia os seus, e, agregando de toda parte os desgarrados, levá-los para o mesmo lugar, extinguir-se-á não só esta enorme peste da República, mas a própria semente e geração de todos os perversos.

13. PERORAÇÃO: INVOCAÇÃO A JÚPITER

Muito tempo há, *Patres Conscripti*, que andamos metidos nestes perigos de conjurações e traições; mas não sei por que causa os frutos de todas as maldades e insolências brotaram em tempo do meu consulado. Se, porém, por tão grande corrupção for morto só este, entendo que por pouco tempo ficaremos livres de cuidado e temor, e durará o perigo e ficará reconcentrado nas veias e entranhas da República. Assim como os enfermos de doença grave, que padecem frio e febre, bebendo água fria, ao princípio parecem ficar aliviados, mas depois se sentem muito mais aflitos, assim esta enfermidade da República, se a aliviarmos com o castigo deste, ficando vivos os mais, agravar-se-á com maior veemência. Portanto, *Patres Conscripti*, retirem-se os perversos, separem-se dos bons, juntem-se a uma parte; enfim, como já disse muitas vezes, dividam-se de nós com o muro; cessem de armar traições ao cônsul em sua casa, de cercar a morada do pretor de Roma, de rondar com armas o Senado, de juntar feixes e archotes para abrasar esta corte, enfim traga, cada um, escrito no rosto, o que sente pela República. Eu vos prometo, *Patres Conscripti*, que tanta será em mim a diligência, como em vós a autoridade, tanto nos cavaleiros romanos o valor, como em todos os bons a concórdia, que com a retirada de Catilina tudo vejais manifesto, ilustrado, suprimido, vingado. Com estes prognósticos e sumo proveito da República parte já, Catilina, com essa tua pestilencial quadrilha de insolentes, que se agregaram com todo o gênero de maldades e parricídios para essa ímpia e execranda guerra. Então, Júpiter Estator, que aqui foste colocado por Rômulo com os mesmos auspícios com que fundou esta cidade, e a que com verdade chamamos Stator desta corte e Império, o apartarás, e a seus sócios, de teus altares e templos, dos edifícios da cidade e seus muros, das vidas e bens dos cidadãos; e a todos os inimigos dos bons, a todos os adversários da pátria, a todos os ladrões da Itália, juntos entre si com o vínculo de seus delitos e abominável sociedade, vivos e mortos castigarás com eternos suplícios.

CATILINÁRIA II

ORAÇÃO II
De Marco Túlio Cícero contra Lúcius Catilina

Pronunciada no dia 9 de novembro, isto é, somente um dia depois da primeira, em uma assembleia popular, é a segunda catilinária uma das mais perfeitas, do ponto de vista estético, entre as orações de Cícero. Catilina, amedrontado pela acusação do cônsul, resolveu deixar a cidade e juntar-se a Mânlio. Essa fuga é uma confissão de culpa, e, como tal, Cícero a interpreta e comenta. Defende-se de duas acusações que lhe podem ser imputadas: a de excessiva indulgência, por ter deixado Catilina fugir, e a de excessiva severidade por ter constrangido ao exílio um cidadão romano, sem ter as provas da sua culpa. Cícero descreve, depois, as categorias de cidadãos que estão do lado dos conjurados. Contra essa gente, contra esses degenerados, não há dúvida nenhuma de que os homens de bem que defendem a liberdade terão vitória certa e esmagadora.

1. EXÓRDIO: CÍCERO FELICITA-SE PELA FUGA DE CATILINA

Finalmente, romanos, lançamos fora, despedido e seguido na saída, com nossas palavras, a Lúcio Catilina, o qual insolentemente enfurecia-se, respirando atrocidades e conjurando, de forma pérfida, a ruína da pátria. Já ao fim se foi, retirou, escapou e arremessou daqui fora; já aquele monstro e abismo de maldade não forjará perdição alguma contra estes muros, dentro desses próprios muros. Certamente, vencemos este único general da guerra civil; já não estará entre nós aquele punhal; já não o temeremos no Foro, nem no campo, nem no Senado, nem, enfim, dentro de nossas casas. Excluído ficou do seu posto, quando lançado da cidade; já faremos justa guerra com o inimigo, sem que ninguém o impeça. Deitamos a perder, sem dúvida, o homem e o vencemos gloriosamente, quando de ocultas traições o lançamos em um manifesto latrocínio. Mas não levou a espada ensanguentada, como queria; saiu, ficando nós vivos, arrancamos as armas das suas mãos, deixou salvos os cidadãos e em pé a cidade, que tristeza não vos parece que isso é para ele? Agora, está prostrado, romanos, e vendo-se destruído e rechaçado, certamente volve muitas vezes os olhos a esta cidade, chorando por não a ter podido mastigar; e ela me parece estar-se alegrando de ter vomitado e lançado fora esta horrenda peste.

2. CATILINA SAIU DA CIDADE – OS SEUS AMIGOS, PORÉM, FICARAM EM ROMA

Porém, se alguém há de tal gênio (qual convinha que todos tivessem) que me acuse fortemente desta mesma coisa, de que a minha oração se alegra e triunfa, por não ter antes prendido do que lançado fora tão capital inimigo, não é minha esta culpa, mas dos tempos atuais. Há muito que convinha ter morto e castigado a L. Catilina com grandíssimo suplício, tanto o costume dos antepassados, o rigor do meu comando e a República requeriam isso de mim. Mas quantos, julgais, houve que não deram crédito ao que eu denunciei? Quantos néscios, parece a vós, acharam que não? Quantos o defenderam? Quantos, por sua própria maldade lhe favoreceriam? Se, dando cabo dele, entendesse que ficáveis livres de perigo, há muito que eu tivera morto a Catilina, não só com risco de ódios, mas de minha própria vida; porém, como via que nem todos tínheis ainda isto por certo, e que se o punisse de morte, como merecia, oprimido com impopularidade, não poderia eu perseguir a seus sócios, reduzi o negócio a estes termos, de poderdes pelejar quando vísseis claramente o inimigo; cujo inimigo podereis conhecer quanto eu o julgo digno de temor, de sentir que saia da cidade pouco acompanhado. Oxalá ele levasse consigo todas as suas tropas. Levou-me a Tongilo que ele começou a amar desde a meninice; a Publício e Munácio, que carregados de dívidas que contraíram por glutões, nenhum medo podiam meter à República. E que casta de homens deixou ele? Os mais endividados! Que poder, que nobreza!

3. OS ARMADOS DE CATILINA NÃO DEVEM SER TEMIDOS

Portanto, com estas legiões gaulesas, e com estas levas de soldados que Quinto Metelo fez no capo Piceno e Galicano, e com estas tropas que agregamos cada dia, em sumo desprezo tenho aquele exército, amontoado de velhos estropiados, camponeses licenciosos e rústicos estragados; daqueles que antes quiseram não comparecer em juízo do que deixar de seguir aquele exército; aos quais se eu lhes mostrar, não digo o poder do nosso exército, mas o édito do pretor, ficarão aterrorizados. Antes eu quisera que tivesse levado consigo a estes soldados dele que vejo andar vagando pela praça, estar junto à cúria e vir ao Senado; que reluzem com unguentos e brilham com roxo; os quais, se aqui ficaram, estais certos que não deveis temer tanto aquele exército como a estes que o desampararam. E ainda estes se devem temer mais, por uma razão particular, qual é pressentirem que eu sei o que meditam, e nem assim se moverem. Sei a quem foi cometida a Apúlia, a quem coube a Etrúria, a quem o campo Piceno, a quem o Galicano, quem requereu para si as traições domésticas de mortandades e incêndios desta cidade; sabem que todas as deliberações da noite antecedente me foram noticiadas; manifestei-as ontem no Senado; fugiu o mesmo Catilina; o que esperam? Muito se enganam se esperam que dure para sempre a minha brandura.

4. FELICIDADE DA REPÚBLICA PELA FUGA DE CATILINA

Consegui o que desejava, isto é, que todos vós conhecêsseis estar formada uma conjuração contra a República, salvo se há quem se persuada que os pares de Catilina não pensem como Catilina. Já não tem lugar a brandura, a mesma matéria está clamando por severidade; uma coisa lhes concedo ainda: saiam, retirem-se, não consintam que o infeliz Catilina consuma-se com saudades suas; mostrar-lhes-ei o caminho: rumou pela estrada Aurélia; se quiserem apressar-se, o alcançarão de tarde. Oh! afortunada República, em lançar fora esta latrina da cidade! Por Hércules, certamente que, com esta retirada de Catilina, parece-me ficou aliviada e contente a República. E que maldade ou crime se pode fingir nem cogitar que não concebesse? Que venéfico, que briguento, que ladrão, que assassino, que parricida, que falsificador de testamentos, que onzeneiro, que lascivo, que dissoluto, que adúltero, que meretriz, que corruptor da mocidade, que vicioso; que perdido é possível achar em toda a Itália que não confesse ter vivido um relacionamento muito familiar com Catilina? Que homicídio se fez nestes anos sem ele? Houve algum sujeito que fosse de tanto tropeço à mocidade, como ele? Ora amava a um com suma torpeza, ora servia ao amor de outros abominavelmente; a estes prometia o fruto da sua desonestidade, àqueles a morte de seus pais, não só compelindo-os, mas ajudando-os. E, com que presteza, não juntou da cidade e dos campos uma aluvião de gente perdida? Não houve, não digo já em Roma, mas em lugar algum da Itália, homem acabrunhado de dívidas a quem não convocasse para esta inaudita e atroz conspiração.

5. OS INIMIGOS DA PÁTRIA SERÃO PUNIDOS

E para que conheçais os seus diversos exercícios em várias classes de matérias, não há gladiador conhecido por seu atrevimento que não confesse ter sido amigo de Catilina; nenhum comediante leviano e depravado que não diga ter sido seu companheiro. Contudo, um sujeito assim acostumado a adultérios e maldades, e a sofrer fome, sede e vigílias, aclamavam-no por valoroso, quando empregava os subsídios e os instrumentos da virtude na luxúria e na ousadia. Se estes seus sócios o seguirem, se da cidade saírem infames aluviões de homens desesperados, que felizes nós, que afortunada a República, que ilustre e nobre será o meu consulado! Não são já medianas as dissoluções destes homens, nem humanos e toleráveis os seus atrevimentos; nada cogitam que não seja mortes, incêndios, roubos. Estragaram seu patrimônio, consumiram em comezainas seus bens, há muito que a fazenda, e, há pouco, o crédito, começou-lhes a faltar; permanece, porém, a luxúria que possuíam em abundância. Se no vinho e jogo buscassem somente glutonarias e meretrizes, nada deles se poderia esperar, contudo se deviam sofrer; mas quem levará em paciência que homens covardes armem traições a varões fortíssimos, os estultos aos mui prudentes, os glutões aos sóbrios, os sonolentos aos vigilantes; os quais, pondo-se à mesa em banquetes, abraçados com mulheres impudicas, lânguidos com o vinho, oprimidos de fastos, coroados de flores, untados de pomadas, debilitados com adultérios, arrotam em seus falares mortandades de bons e incêndios da cidade? A estes creio estar iminente alguma fatalidade, e próximo, ou que certamente se lhe vem chegando, o castigo devido à sua petulância, maldade, insolência e desonestidade; e se o meu consulado o puder arrancar, pois os não pode sarar, se propagará a República não por pouco tempo, mas por muitos séculos. Não há nação alguma a que ao presente temamos; não há rei que possa fazer guerra ao povo romano; todas as coisas externas estão em sossego por terra e por mar, pelo valor de um só homem; a guerra doméstica é a que persiste, dentro estão as traições, dentro está o perigo, dentro, o inimigo; com a luxúria, com a loucura, com a insolência temos de pelejar. Desta guerra, romanos, declaro-me general; sobre mim tomo a raiva de homens perdidos; o que de algum modo se pode curar, o curarei; o que se houver de cortar, não consentirei se difunda em prejuízo da cidade. Portanto, ou saiam ou se aquietem; e, se persistem na cidade com a mesma tenção, bem podem esperar o que merecem.

6. CATILINA FOI SE JUNTAR A MÂNLIO

Mas ainda há, romanos, alguns que dizem que Catilina fora por mim desterrado; os que dizem semelhante coisa, os desterraria eu, se o pudesse conseguir com minhas palavras. Não pôde aquele medroso e modestíssimo homem sofrer a voz do cônsul, que o mandara ir para o desterro; obedeceu, foi. Ontem, romanos, depois que por pouco não me mataram em minha casa, convoquei o Senado para o templo de Júpiter Estator, onde relatei o sucedido aos *Patres Conscripti*. Catilina ali apareceu. Houve senador que o tenha nomeado? Quem o saudou? Quem enfim deixou de olhar para ele, como para um cidadão perdido, ou, para melhor dizer, um execrando inimigo? Além disto, os principais daquela ordem deixaram vaga e nua aquela parte dos assentos, onde ele se sentou. Então eu, aquele cônsul rigoroso que com palavras desterra os cidadãos, perguntei a Catilina se na sua assembleia noturna estivera ou não na Casa de Marco Leca; e, como aquele atrevidíssimo homem, convencido da sua própria consciência, se calasse, manifestou o demais: disse-lhe o que fizera naquela noite, onde estivera, o que determinara, como estava delineada toda a forma da guerra. Hesitando ele e parando, perguntei-lhe por que duvidava ir para onde, havia tanto, tinha determinado; sabendo eu ter ele enviado adiante armas, machados, feixes, trombetas, estandartes e aquela águia de prata, para a qual fez altar em sua casa. Impeli para o desterro aquele que via ter já principiado a guerra? Mas julgo que este Mânlio (o centurião que assentou arraiais no campo de Fésulas) em seu nome anunciou a guerra ao povo romano; que aqueles arraiais não esperam agora a Catilina por seu general; e que ele, desterrado, caminhará, segundo dizem, para Marselha, e não para aqueles arraiais?

7. CÍCERO DISPÕE-SE A TUDO SOFRER PARA QUE A REPÚBLICA SE SALVE

Infeliz sorte é a de quem administra e conserva a República. Se agora Catilina, embaraçado e atônito com minhas resoluções, trabalhos e perigos e, repentinamente aterrorizado, mudar de parecer, desamparar os seus, deixar o projeto de fazer guerra, e, deste caminho que leva para atrocidades e batalhas, voltar os passos para a fugida e o desterro, não se há de dizer que eu o despojei de armas insolentes, nem que fora atônito e aterrorizado com minhas diligências, nem o repeli de suas esperanças e pretensões, mas que, sem ser condenado e inocente, o desterra o cônsul com a violência e ameaças; e ainda haverá quem, fazendo-o ele assim, não o tenha por perverso, mas digno de compaixão, e a mim não por cônsul diligentíssimo, mas crudelíssimo tirano. Muito estimo, romanos, experimentar a tempestade desse ódio sem causa e injusto, contanto que vós fiqueis livres do perigo desta horrível e execranda guerra. Diga-se embora que eu o lancei, contanto que vá para o desterro; mas crede-me que não há de ir. Nunca eu, romanos, por me livrar de malquerenças, chegarei a pedir aos deuses imortais que ouçais que Catilina vem capitaneando exército inimigo e discorre armado pela campanha, mas ainda assim dentro de três dias o ouvireis. Meu temor maior é que, de repente, possam irar-se por não terem, antes, lançado por força, do que o ter despedido, mas se há alguém que, tendo ele se ido, dizem que fora lançado, o que diriam se fosse morto? Ainda que os que dizem que Catilina fora para Marselha, não tanto se queixam disto como o receiem. Nenhum destes é tão compassivo que não queira antes que ele vá para Mânlio, do que para Marselha. Mas se o que ele faz o não considerasse primeiro, por certo que, antes quereria ser morto no roubo do que viver desterrado; agora, porém, que nada lhe tem sucedido fora da sua vontade e pensamento, exceto o sair de Roma, ficando nós vivos, antes desejamos que vá para o desterro do que nos queixemos disso.

8. AS CLASSES DE CIDADÃOS NOCIVOS À REPÚBLICA

Mas para que falo tanto tempo de um inimigo, e tal inimigo que confessa que o é, e a quem não temo, porque um muro está no meio, como sempre desejei? Destes que ficam em Roma, que estão conosco, não dizemos nada? Na verdade, sendo possível, não desejo tanto castigá-los, mas sim curar e reconciliar com a República; nem sei por que não possa ser assim. Se me quiserem ouvir, expor-vos-ei, pois, romanos, os tipos de homens de que se formam estes esquadrões; e depois aplicarei a cada um o remédio que puder, com meu conselho e discurso. Os primeiros são aqueles que, tendo grandes dívidas, têm ainda maiores propriedades, de cujo amor prendidos não querem se soltar. A classe desses homens é muito honrada, pois são ricos; mas a sua vontade e causa, desaforadas. Tu com campos, tu com propriedade de casas, tu com dinheiro, tu com família, tu adornado e abundante de tudo e duvidas cortar pelas tuas posses e recobrar o crédito? Que é o que esperas? A guerra? Para quê? Julgas que na assolação geral de tudo hão de ser sagrados os teus bens? Esperas abolição dos débitos? Enganam-se os que as esperam de Catilina. Por minha bondade, saíram a público novas abolições de débito, mas para se venderem os bens em almoeda; nem estes que têm posses podem de algum outro modo se livrar das dívidas; e, se já se tivessem resolvidos a fazê-lo e não quisessem pagar as usuras com o fruto dos seus prédios, teríamos agora cidadãos mais ricos e melhores. Mas creio que não se deve temer a estes homens porque, ou se podem apartar desta opinião ou se persistem nela, parece-me mais que farão súplicas à República do que pegarão em armas contra ela.

9. SEGUNDA E TERCEIRA CLASSES DE CIDADÃOS NOCIVOS

Outro tipo é o daqueles que, carregados de dívidas, esperam, contudo, e querem mandar e governar, crendo que, perturbada a República, conseguirão as honras que não podem obter com ela sossegada. Esses, parece-me se deva intimar isto unicamente, como a todos os mais, a saber, que tirem o sentido de poder obter o que pretendem; primeiramente, porque sou eu que velo, presido e governo a República. Além disto, porque há ânimos grandes nas pessoas de probidade, grande concórdia, grande multidão, grande exército; enfim, porque os deuses imortais presentes hão de dar auxílio a este invicto povo, nobilíssimo Império e formosíssima Cidade, contra tão enorme maldade. E, no caso que cheguem a conseguir o que desejam com a maior insolência, porventura esperam nas cinzas da cidade o sangue dos cidadãos, seus cônsules, ditadores ou ainda reis, conforme o deseja seu ânimo perverso e malvado? Não veem que, se conseguirem o que desejam, forçosamente o hão de conceder a algum foragido ou gladiador?

O terceiro tipo é de idade já avançada, mas robusta com o exercício, a cujo tipo pertence o mesmo Mânlio, e a quem sucede agora Catilina. São estes homens daquelas colônias que Sila constituiu em Fésulas, as quais entendo serem todas de ótimos cidadãos e varões fortíssimos; mas estes são camponeses que, com dinheiros inesperados e repentinos ostentam-se com grande pompa; são os que, ao mesmo tempo, edificam como afortunados, vangloriam-se com prédios, liteiras, numerosas famílias, aparatosos banquetes, encravando-se em dívidas, de sorte que se quiser ver-se livres delas, têm de ressuscitar a Sila da sepultura; os quais foram também os que meteram alguns rústicos pobres e necessitados em esperança daquelas rapinas. Considero, tanto uns quanto outros, do mesmo tipo: ladrões e roubadores, e os aconselho que contenham o seu furor e deixem de pensar em banimentos ou ditaduras. Tão cansada está esta cidade pelos acontecimentos daqueles tempos que, creio, não só os homens, mas nem mesmo os brutos sofrerão tal coisa.

10. QUARTA E QUINTA CLASSES DE CIDADÃOS NOCIVOS

O quarto tipo é, na verdade, vário, mesclado e turbulento: estes há muito se veem oprimidos de modo que nunca levantaram a cabeça; uns por inércia, outros por má administração de bens e outros, também, por gastos, perigam por dívidas antigas; e, cansados de citações, condenações e penhoras, se diz que muitos passaram da cidade e dos campos para aqueles arraiais. A estes não tenho eu tanto por soldados valorosos como negadores brandos. Se estes homens não podem subsistir, caiam, mas de sorte que não só a cidade, nem ainda os seus vizinhos próximos o sintam; não entendo por qual razão, não podendo viver com decoro, preferem morrer de modo infame; porventura pensam que será menor a sua dor morrendo acompanhados e não sós?

O quinto tipo é de parricidas, brigões e demais facínoras; os quais não separo de Catilina, pois se não podem arrancar dele; morram embora na quadrilha já que são tantos que não cabem no cárcere. O último tipo de homens é não só no número, mas da mesma geração e vida própria de Catilina, da sua escolha e ainda da sua amizade e afeto; estes são os que vedes de cabelo penteado, polidos, sem barba ou bem barbados, com túnicas de mangas e talares, vestidos de véu e não de togas; cuja industriosa vida e laborioso desvelo todo se manifesta nas ceias das madrugadas. Nestes rebanhos andam todos os jogadores, todos os adúlteros, todos os impuros e desonestos; estes meninos não lépidos e delicados não só aprendem a amar e ser amados, a cantar e dançar, mas também a esgrimir punhais e ministrar venenos; se estes não saírem e perecerem, ainda que Catilina pereça, sabei que haverá na República este seminário de Catilina. Mas que pretendem estes infelizes? Porventura hão de levar consigo as suas mulherzinhas para os arraiais? Como poderão estar sem elas, principalmente nestas compridas noites? Como poderão aturar o Apenino e aquelas saraivas e neves? Salvo se julgam que sofrerão mais facilmente o inverno, por terem aprendido a dançar nus nos banquetes? Que temerosíssima guerra, quando Catilina se achar com esta corte de lascivos!

11. OS VIRTUOSOS COMBATEM CONTRA OS NOCIVOS

Aparelhai agora, romanos, contra tão ilustres tropas de Catilina os vossos presídios e os vossos exércitos; oponde primeiramente àquele estropiado e consumido gladiador os vossos cônsules e generais; e contra aquela esquadra de arrogantes e fracos naufragantes levai a flor e valentia de toda a Itália; as cidades das colônias e municípios competirão com as rústicas enxurradas de Catilina. Quanto às demais tropas, adornos e presídios vossos, eu não me atrevo a compará-los com a penúria e miséria daquele ladrão. Porém, se deixadas estas coisas de que abundamos, ele necessita de Senado, de cavaleiros romanos, de cidade, de erário, de tributos, de toda a Itália e de todas as províncias, e das nações estrangeiras; se deixadas, digo, estas coisas, quisermos que contendam entre si as mesmas causas litigantes, daqui mesmo poderemos conhecer quão prostrados eles estejam. Desta parte batalha o rubor, daquela a dissolução; daqui a piedade, dali o abuso; daqui a lealdade, dali a perfídia; daqui a constância, dali a insolência; daqui a honestidade, dali a torpeza; daqui a continência, dali a luxúria; daqui, enfim, a justiça, a temperança, a fortaleza, a prudência e todas as virtudes batalham com a iniquidade, com a lascívia, com a covardia, com a temeridade e com todos os vícios; e por último a abundância com a pobreza, a reta razão com a sem-razão, o bom juízo com a demência, e a boa esperança com a desesperação de todas as coisas. Em semelhante contenda, a batalha, ainda que faltem as diligências dos homens, porventura os mesmos deuses imortais não darão favor para que estas preclaríssimas virtudes vençam a tantos e tão enormes vícios?

12. DEFENDAM, OS ROMANOS, AS SUAS CASAS

Sendo isto, assim, romanos, defendei, como já vos disse as vossas casas com guardas e vigias. Quanto a mim, já dei as ordens e providências precisas sobre a segurança da cidade, sem incômodo vosso nem tumulto algum. Todos os das colônias e municípios, certificados por mim desta invasão noturna de Catilina, facilmente defenderão suas cidades e contornos. Os gladiadores, de que agregou o maior esquadrão, que entende ser seguríssimo, posto que estejam de melhor ânimo que parte dos patrícios, contudo serão reprimidos pelo nosso poder. Quinto Metelo, a quem eu, antevendo isto, mandei diante para o campo Piceno e Galicano, ou dará cabo do homem ou atalhará todos seus movimentos e pretensões; do mais que se deve determinar, obviar e executar darei logo parte ao Senado, que já vedes convocar-se. Quanto aos que ficaram em Roma e nela foram deixados por Catilina, certamente para ruína da cidade e de todos vós, posto que sejam inimigos, como nasceram cidadãos, quero-os uma e outra vez aconselhar. Se a alguém parece frouxa a minha mansidão até agora, saiba que só esperou se fizesse público o que estava encoberto; quanto ao mais, não me posso esquecer de ser esta a minha pátria, ser eu cônsul destes seus habitantes, e que com eles hei de viver, ou por eles morrer. As portas estão sem guardas, não há traidor algum pelo caminho; se alguém quiser sair, pode atender por si; o que na cidade se amotinar, de quem eu souber não só ação, mas princípio algum dela, ou intento contra a pátria, experimentará haver nesta cidade cônsules vigilantes, excelentes magistrados, um Senado mais que íntegro, armas e cárceres que nossos maiores quiseram que servissem para castigar delitos manifestos e atrozes.

13. PERORAÇÃO

Tudo isto, romanos, se executará de sorte que, sendo eu o único capitão e general togado, se apaziguarão as mais relevantes coisas sem o menor reboliço, os maiores perigos, e a guerra intestina e doméstica mais cruel de que há memória, sem o menor tumulto; o que ordenarei em forma, romanos, que quanto puder ser, ninguém, ainda insolente, pagará nesta cidade a pena do seu delito. Mas se a força de um manifesto atrevimento e o iminente perigo da pátria me necessitarem a sair desta brandura, executarei o que parece apenas se podia desejar em tão enorme e atraiçoada guerra; a saber que nenhum dos bons pereça, e com o castigo de poucos possais ficar salvos. Isto, romanos, vos não prometo fiado na minha prudência e conselhos humanos, mas em muitas e indubitáveis insinuações dos deuses imortais, pelos quais guiado, entrei nesta esperança e projeto. São eles que, de perto, não afastados como antes, que não são inimigos externos e distantes mas, aqui presentes, com o seu auxílio e poder, defendem os templos e casas de Roma. Rogai-os, ó romanos, e venerai-os como deveis, para que vencidas todas as forças inimigas, tanto por terra como por mar, defendam a cidade que, quiseram fosse a mais bela, florescente e poderosa, da execranda perversidade de cidadãos perdidos.

CATILINÁRIA III

ORAÇÃO III
De Marco Túlio Cícero contra Lúcius Catilina

Os conjurados que Catilina, ao deixar a cidade, tinha deixado em Roma, articulam-se e tentam acordos com os embaixadores dos Alóbrogos, que por acaso se encontravam em Roma, para patrocinar a causa dos seus patrícios contra os governadores romanos. Em consequência de delações, afinal, Cícero consegue provas materiais da conjuração. Na noite do 2 de dezembro manda prender os principais conjurados. Na manhã do dia 3, reúne o Senado e procede ao interrogatório dos presos. O Senado resolve que os imputados continuem detidos e decreta que seja, o cônsul, agradecido publicamente pela sua ação em defesa da pátria. Terminada a sessão, Cícero pronuncia a terceira catilinária, a fim de informar ao povo, reunido no foro, da marcha dos acontecimentos. Diz que nunca Roma correu perigo maior do que acaba de desaparecer, sem recorrer a medidas militares, sem perturbação da cidade, unicamente por diligência dele, que soube defender a pátria ameaçada pelos conjurados. Exorta os romanos a agradecer aos deuses e a continuar na vigilância contra os maus cidadãos.

1. EXÓRDIO

Vendo estais, romanos, neste dia a República, a vida de todos vós, os vossos bens e interesses, as vossas mulheres e filhos, e a esta felicíssima e belíssima benevolência dos deuses para convosco, livre do ferro e fogo, e como arrancada da garganta da morte pelos meus trabalhos, resoluções e perigos. E, não sendo para nós, menos agradáveis e ilustres os dias em que somos livres de algum perigo, que aqueles em que nascemos; por ser a alegria da salvação certa, e a condição com que nascemos duvidosa, e porque nascemos sem o sentir e nos conservamos com prazer; por certo que se a Rômulo,[7] fundador desta cidade, colocou a nossa benevolência e aclamação no número de deuses imortais, também para convosco e vossos descendentes deve ter honra aquele que conservou esta cidade, depois de fundada e engrandecida; pois extinguimos as chamas que quase prendiam e rodeavam todos os templos, altares, casas e muros de Roma e por nós mesmos rebatemos as espadas desembainhadas contra vós, desviando seus fios de vossas cabeças. Sendo tudo isto já aclarado, descoberto e manifesto por mim no Senado, expor-vos-ei agora brevemente, romanos, o modo com que o averiguei a vir claramente a compreender, para que vós que o não sabeis e esperais o possais conhecer.

---

7. Lendário fundador e primeiro rei de Roma.

2. OS ENTEDIMENTOS COM OS ALÓBROGOS

Primeiramente, logo que Catilina há poucos dias, partiu para fora desta cidade, deixando nela os sócios da sua conspiração e capitães desta maldita guerra, sempre estive alerta, procurando como poderíamos nos salvar de tão enormes e solapadas traições. Porque, quando lancei fora da cidade a Catilina (pois já não temo que seja odiosa esta palavra, em tempo em que mais se deve temer o ter ele saído com vida), então que o queria exterminar, julguei que os demais conjurados sairiam com ele, ou que persistindo na cidade, com a sua falta ficariam fracos e debilitados; e tanto que vi que os mais atrevidos e insolentes eram os que estavam conosco e ficavam em Roma, consumi dias e noites em ver o que faziam e maquinavam; porque como entendi que nos vossos ouvidos acharia menos crédito a minha relação, pela incrível exorbitância do atentado, reduzi o negócio a tais termos que cuidásseis na vossa segurança quando vísseis o mal diante dos olhos. Portanto, assim que soube que P. Lêntulo solicitara os enviados dos Alóbrogos, para acender guerra além dos Alpes e levantar tumultos na Gália; e que estes foram remetidos para seus patrícios, de caminho com cartas e avisos para Catilina; e que lhes deram por companheiro a Voltúrcio, também com cartas para Catilina; entendi se me oferecia comodidade de conhecer e manifestar ao Senado e a vós claramente todo o negócio, como sempre pedia aos deuses eternos. Por este motivo, ontem, chamei à minha presença os pretores Lúcio Flaco e Cáio Pontínio, tão valorosos como amantes da República, contei-lhes tudo o que se passava e lhes declarei o que, me parecia, se devia fazer. Aceitaram eles a incumbência sem escusa nem demora alguma, como possuídos dos mais nobres e ilustres pensamentos para com a República, e sobre tarde chegaram disfarçados à ponte Múlvia, onde se separaram um do outro para as quintas vizinhas, ficando-lhes em meio a ponte e o Tibre.[8] Para este mesmo local, sem despertar suspeitas, conduziram muitos homens rapazes valorosos; também eu mandei muitos mancebos valorosos, da prefeitura de Reate, dos quais costumo me valer para segurança da Re-

---

8. Rio da Itália que banha Roma e desemboca no mar Tirreno.

pública. Quase as três horas da madrugada, tendo entrado na ponte, os enviados dos Alóbrogos e, de volta com eles, Vultúrcio com enorme comitiva, foram os nossos sobre eles; tiram uns e outros as espadas. Só os pretores estavam cientes do negócio, os demais o ignoravam.

3. ENCONTRADAS AS CARTAS COMPROVADORAS DA CONSPIRAÇÃO

Acudindo neste passo Pontínio e Flaco, se apaziguou a principiada batalha; todas as cartas que havia na comitiva, sem se abrirem, ficaram entregues aos pretores, e aqueles que foram presos foram trazidos a mim ao romper do dia. Imediatamente mandei chamar a Cimbro Gabínio, perversíssimo maquinador de todas estas maldades, que até então nada suspeitava do sucedido. E, depois dele, foi chamado o próprio Lúcio Statílio, após este Cetego, e, por último, veio Lêntulo, que, fora do seu costume, entendo que tinha velado toda a noite anterior ocupado em entregar as cartas. Pareceu a personagens mui principais e ilustres desta corte, que com a notícia desta surpresa concorreram a mim em grande número, que melhor seria que as cartas se abrissem antes de as apresentar ao Senado para que, no caso que nada se achasse nelas, não parecesse que imprudentemente levantara eu tamanho motim na cidade; mas eu repugnei tal ideia, não querendo expor a matéria de um perigo público, senão em um congresso público. Pois ainda no caso, romanos, que não fossem encontradas as coisas que me tinham denunciado, ainda assim julguei que em tamanhos perigos da República não devia recear fazer demasiada diligência. Convoquei, como vistes, um numeroso Senado. E entretanto, avisado pelos Alóbrogos, ordenei a Cáio Sulpício, homem de valor, que fosse à casa de Cetego, donde ele transportou grandíssimo número de punhais e espadas.

4. OS CONSPIRADORES SÃO INTERROGADOS

Fiz que entrasse Vultúrcio sem os gauleses, e lhe prometi, por ordem do Senado, salvo-conduto, exortando-o a que, sem temor, dissesse o que sabia. Recobrando ele então um pouco de medo, disse que

Públio Lêntulo lhe tinha dado instruções e cartas para Catilina, para que se aproveitasse do favor dos servos, e logo marchasse para Roma com o exército; com o projeto de que, pondo fogo à cidade por toda a parte, como estava delineado e distribuído, e feita uma infinita carnificina nos cidadãos, estivesse ele pronto a embaraçar se salvassem os que fugissem, e a ajuntar-se com os seus capitães da cidade. Quando os gauleses entraram, disseram que Lêntulo, Cetego e Statílio lhes tinham dado cartas para os da sua nação e tomado juramento de fidelidade; e que tanto estes como Cássio lhes tinham ordenado que enviassem para a Itália, com toda a presteza, a cavalaria, pois que tropas de infantaria lhes não faltariam. E que Lêntulo lhes assegurara que, segundo os vaticínios das Sibilas e respostas dos adivinhos, ele era aquele terceiro Cornélio que forçosamente haveria de ter o governo desta cidade e Império; que Cina e Sila tinham sido os dois primeiros que lhe precederam; e que acrescentara que este ano, o décimo depois do perdão das vestais e vigésimo do incêndio do Capitólio,[9] era o termo fatal desta cidade e Império. Disseram também houvera entre Cetego e os mais este debate: que Lêntulo e outros queriam se executasse a mortandade nos dias saturnais, e que a Cetego lhe parecera demasiada esta demora.

5. OS ACUSADOS CONFESSAM A TRAIÇÃO

Para abreviar, romanos, fiz que apresentassem as cartas que, diziam, cada um dos conjurados havia dado a eles. Primeiramente mostrei a Cetego o seu carimbo, cortei o fio, ali; tinha escrito de sua mão: que ele cumpriria ao Senado e ao povo gaulês o que com seus enviados tinha ajustado; e lhes rogava executassem eles também o que seus legados lhes ordenassem. Então Cetego, que pouco antes inquirido acerca dos punhais e espadas que se lhe acharam, respondera e afirmara que sempre fora curioso de ter boa ferragem; depois de lidas as cartas, de-

---

9. Templo dedicado a Júpiter e cidadela no monte Capitolino, onde os triunfadores eram coroados. Perto do templo, estava a rocha Tarpeia, de onde eram precipitados os traidores. Daí provém a locução: *"Do Capitólio à rocha Tarpeia, não vai mais que um passo"*, o que significa que, muitas vezes, ao triunfo pode seguir-se o opróbrio.

sanimado, abatido e convencido da própria consciência, de repente se calou. Introduzido Statílio, reconhecera a sua letra e carimbo. Leram-se as cartas que continham quase o mesmo; confessou. Mostrei depois a Lêntulo as cartas, e perguntei-lhe se conhecia o carimbo. Disse que sim. E lhe tornei dizendo: Bem conhecido é este carimbo, por ser a imagem de teu avô, varão esclarecido, que amou cordialmente a sua pátria e cidadãos e que, ainda assim, mudo como está te devia coibir de semelhante desatino. Pelo mesmo modo se leram as suas cartas para o Senado e povo dos Alóbrogos. Dei-lhe faculdade de dizer o que quisesse sobre a matéria sujeita. Começou ele primeiro a negar; passado, porém, algum tempo, vendo todo o enredo declarado e público, se levantou, perguntando aos gauleses que negócio tinham com ele; e semelhantemente a Vultúrcio, e respondendo estes resumidamente e com firmeza que o negócio era o mesmo que muitas vezes tinham sido conduzidos à sua casa; e como lhe perguntassem se não tinha com eles comunicado nada dos vaticínios das Sibilas, aturdido então com a enormidade do seu delito, deu a conhecer quanto pode o remorso da consciência; porque, podendo-os contradizer, contra o que todos julgavam de repente se calou. Isto o desamparou tanto, não só aquele talento mas a insolência e audácia em que a ninguém cedia, por força do crime patente e manifesto. Mandou então Vultúrcio que logo se exibissem as cartas que dizia ter recebido de Lêntulo para Catilina. Aqui, perturbando-se Lêntulo descompassadamente, reconheceu, não obstante, o seu carimbo e letra. Estavam escritas sem firma por estes termos: "Quem eu seja o poderás saber desse que te envio; cuida em portar-te como homem, considera para onde tens de caminhar, vê o que te é necessário e procura agregar o socorro de todos, principalmente dos menores". Foi depois introduzido Gabínio, o qual, entrando a princípio a responder despropositadamente, por fim não negou nada do que os gauleses o acusavam. Quanto a mim, romanos, tanto tenho por provas certíssimas e indícios de crime as cartas, os carimbos, as notas, e enfim as confissões de cada um deles, como tenho por muito mais certo a cor, os olhos, os semblantes, o silêncio; assim pasmaram, assim pregaram os olhos no chão, assim olhavam de quando em quando uns para os outros às furtadelas, que já não parecia que outrem os descobria, mas eles a si próprios.

6. AS DELIBERAÇÕES DO SENADO

Referidas e expostas claramente as provas, romanos, consultei o Senado sobre o que queria que se fizesse neste importantíssimo assunto da República. Proferiram as principais aspérrimas e severíssimas sentenças, que sem discrepância seguiu todo o Senado. E porque ainda não está lançado em escritura o decreto, expor-vos-ei de memória o que julgou o Senado. Em primeiro lugar se me deram as graças com honorificentíssimas expressões, por ter com meu valor, conselho e prudência livrado a República de sumos perigos. Depois disto se deram os merecidos louvores a Lúcio Flaco e Cáio Pontínio, pretores, por terem executado as minhas ordens com valor e fidelidade: e também ao constante varão meu colega se deu louvor de não ter admitido a seus conselhos e da República, os cúmplices da conjuração. E assim julgaram que Públio Lêntulo, sendo deposto da pretoria fosse preso; e do mesmo modo fossem levados à prisão Cáio Cetego, Lúcio Statílio, Públio Gabínio, que todos estavam presentes. O mesmo se decretou contra Lúcio Cássio, que pedira para si a incumbência de pôr fogo à cidade; e contra Marco Cepário, a quem se tinha declarado estar-lhe encarregada a Apúlia, para sublevar os pastores; contra Públio Fúrio, homem daquelas colônias que Sila estabeleceu em Fésulas; contra Quinto Ânio Chilo, que sempre andara com Fúrio nesta revolta dos Alóbrogos; contra Públio Umbreno, homem liberto de quem constava ter sido o primeiro que conduzira os gauleses a Gabínio. Deste modo, romanos, se houve o Senado com tal brandura que, salva a República, de tão enorme conjuração e avultado poder e número de inimigos, com o castigo de nove homens perfidíssimos, entendeu se poderia mudar para bem a tenção dos mais. Também em meu nome se decretaram preces públicas aos deuses imortais, em ação de graças pelo singular favor com que me assistiram, coisa que a nenhum togado, senão a mim sucedeu desde a fundação de Roma. O decreto era concebido nestes termos: por ter livrado a cidade de incêndio, os cidadãos de mortandade e a Itália de guerra. Cujas preces, romanos, se as compararmos com as outras, acharemos a diferença, que aquelas foram ordenadas por alguma prosperidade da República, estas só por tê-la conservado. Portanto, tudo o que principalmente se devia fazer, está feito e acabado; porque Públio Lêntulo, ainda depois de convencido pelas provas e pela sua própria confissão, sendo por sentença do Senado degredado não só das prerrogativas de pretor, mas de cidadão, ainda assim renunciou o magistrado; de sorte que, se o ínclito Cáio Mário não violou o magistrado quando matou ao pretor Caio Gláucia, de quem o Senado nada decretara, muito menos o violamos nós castigando a Públio Lêntulo.

7. MUITO MAIORES TERIAM SIDO OS PERIGOS SE CATILINA TIVESSE FICADO EM ROMA

Agora, romanos, que tendes já apanhados e presos os capitães desta iniquíssima e perigosíssima guerra, estais certos de que se arruinaram todas as tropas, todas as esperanças, todas as forças de Catilina. Por certo que quando eu o tirei da cidade, era o meu projeto, romanos, que excluído Catilina, não tinha que temer nem a sonolência de Públio Lêntulo, nem a ronçaria de Lúcio Cássio, nem a detestada fúria de Cetego. Aquele era o único entre todos estes que se devia temer, mas só quando estivesse dos muros a dentro da cidade; tudo sabia, com todos tinha entrada, tinha poder e ousadia, havia nele talento capaz de grandes planos, e esse talento não era desacompanhado de eloquência e proatividade. Para reduzir a efeito seus diversos desígnios, tinha certos sujeitos escolhidos e designados, e quando ordenava alguma coisa não a dava por feita; em tudo era presente, previsto, vigilante, ativo; nem o podia contrastar o frio, a fome ou a sede. A um homem, pois (a dizer o que sinto, romanos), tão acre, tão pronto, tão atrevido, tão sagaz, tão esperto para o mal, tão diligente em distúrbios, se não o obrigasse a sair das traições caseiras para o bélico latrocínio, mal poderia impedir que viesse sobre vós tão horrível tempestade. Não deveria este pôr em risco nossas vidas os saturnais, nem anunciar à República logo os dias do destroço e fatalidade; nem cair no descuido de lhe apreenderem o carimbo, as cartas e as testemunhas do delito. Tudo isto foi feito na sua ausência; fez-se de modo que jamais furto doméstico foi descoberto nem provou tão claramente como foi esta horrenda conspiração contra a República. E se Catilina até o presente dia estivesse na cidade (posto que, enquanto esteve me opus e resisti a todos os seus desígnios), contudo, a falar singelamente, me seria preciso brigar com ele; nem com tal inimigo dentro de Roma, livraria de tamanhos perigos a República com tanta paz, sossego e silêncio.

8. PROFECIAS DOS ADIVINHOS

Todo este negócio, romanos, tenho conduzido de modo que parece não se ter nele executado nem disposto coisa alguma, senão por vontade e conselho dos deuses imortais; o que não só podemos conjeturar, por parecer superior à capacidade humana a direção de tão relevantes coisas, como porque nos acudiram, no presente tempo, com auxílio e socorro tão oportuno que parece quase os podíamos ver. Pois ainda omitindo o que se refere, de serem vistas da parte do Ocidente fogueiras de noite, e o céu ardendo em fogo, como também raios e terremotos, e tantas outras coisas que têm sucedido neste meu consulado, que parecia predizerem os deuses imortais o que atualmente sucede, o que agora direi não se deve omitir nem deixar em silêncio. Lembrados estais como, sendo cônsules Cota e Torquato, caíram raios sobre muitas torres do Capitólio, quando os simulacros dos deuses imortais foram derrubados, as estátuas dos varões antigos despedaçadas, e as tábuas de bronze das leis derretidas, e ferido também com um raio aquele que fundou esta cidade, Rômulo, que, como sabeis, estava dourado no Capitólio, em figura de menino, aos peitos da loba. Em cujo tempo, concorrendo os adivinhos de toda a Toscana, disseram estar próximas mortandades, incêndios, ruínas das leis, guerra civil e doméstica, e que se vinha aproximando o ocaso desta corte e Império, se os deuses imortais, aplacados de todo o modo possível, não desviassem com o seu poder este destino. Por cuja causa, segundo as respostas daqueles, se celebraram jogos por dez dias, não se omitindo coisa que parece conveniente para aplacar os deuses; os mesmos adivinhos mandaram que o simulacro de Júpiter se fizesse mais grandioso, e colocasse em pedestal alto e se voltasse para o Oriente, ao contrário do que antes estava e acrescentaram, dizendo, se persuadiam que, se aquele simulacro que vedes visse o nascimento do Sol, o foro e cúria, todos os projetos que clandestinamente se planejavam em prejuízo da corte e Império se patenteariam de sorte que o Senado e povo romano os veriam clarissimamente. Mandaram, pois, os cônsules que na dita forma se colocasse; mas tanta foi a morosidade da obra que nem os cônsules passados nem nós o colocamos antes do presente dia.

9. OS ACONTECIMENTOS OBEDECERAM À VONTADE DOS DEUSES

Nestas circunstâncias, romanos, quem haverá tão inimigo da verdade, tão inconsiderado e insensato, que negue serem todas estas coisas que vemos, e em especial esta corte, governadas pela disposição e poder dos deuses imortais? Pois sendo respondido que péssimos cidadãos maquinavam mortandades, incêndios e a assolação da República, o que então a alguns parecia incrível, por ser uma tão exorbitante maldade, agora os vistes não só projetado, mas empreendido por cidadãos perversos. E porventura não se está vendo o que parece feito por ordem de Júpiter, mandar eu que o simulacro se colocasse ao mesmo tempo em que os conjurados por minha ordem foram levados ao templo da Concórdia? O qual, assim que foi colocado e voltado a vós e ao Senado, tanto o Senado como vós vistes tudo o que se urdira contra o bem comum descoberto e patenteado. Nisto se fazem eles dignos ainda de maior ódio e castigo, pois não só intentaram queimar as vossas casas, mas os mesmos templos e altares dos deuses com funestos e sacrílegos incêndios; se a estes eu disser lhes resisti, demasiado louvor me atribuirei a mim próprio, nem merecerei que me sofram; aquele Júpiter foi quem lhes resistiu, ele salvou o Capitólio, ele estes templos, ele esta cidade, e o que a todos vos quis salvar;